Inhalt

Neue Technologien und Finanzkrise - Der Durchbruch für die Telearbeit

Kernthesen

Beitrag

Fallbeispiele

Weiterführende Literatur

Impressum

Neue Technologien und Finanzkrise - Der Durchbruch für die Telearbeit

C.F.Dobner

Kernthesen

- Die von der Bundesregierung in der Krise beschlossenen Konjunkturpakete zur Investition in Breitbandvernetzung treibt die Entwicklung von Telearbeitsplätzen stark voran.
- Die kostengünstige Verlagerung von Arbeitsplätzen in so genannte Home Offices birgt für Unternehmen ein enormes Einsparpotenzial und kann in Krisenzeiten sogar zum Rettungsanker werden.

- Über 50 Prozent der Arbeitnehmer in Deutschland sprechen sich laut einer Forsa - Umfrage zumindest für alternierende Telearbeitsplätze aus.
- Bis zum Jahr 2020 soll der Anteil an Telearbeitsplätzen von derzeit rund sieben auf bis zu achtzig Prozent ansteigen.

Beitrag

Telearbeit gibt es historisch betrachtet bereits seit ca. 30 Jahren. Anfänglich boten nahezu ausschließlich Unternehmen in denen klassische Außen- bzw. Kundendienstarbeiten üblich sind Telearbeitsplätze an. Im Laufe der Jahre stieg der Anteil der Telearbeit anbietenden Unternehmen nur sehr langsam bis zum Jahr 2003 auf 7,8 Prozent an. Seither ist jedoch eine rasante Entwicklung zu beobachten.

Der Anteil der Unternehmen die ihren Mitarbeitern die Arbeit von einem Home Office aus ermöglichen, hat sich innerhalb der vergangenen fünf Jahre auf 18,5 Prozent mehr als verdoppelt. Ursache hierfür ist sicher nicht nur ein Generationenwechsel, sondern insbesondere die rasante Entwicklung im Bereich Informationstechnologie und die damit verbundenen fallenden Kosten für Hard- und Software. Auch haben immer mehr Unternehmenslenker die zahlreichen Vorteile von Telearbeit inzwischen erkannt. Experten des Kölner Instituts der deutschen Wirtschaft prognostizieren einen weiteren Anstieg innerhalb der nächsten zehn Jahre auf rund 50 Prozent.

Zusätzliche Faktoren für diese Entwicklung könnten zum Beispiel auch die Entwicklung der Roh- und Kraftstoffpreise in den vergangenen Jahren, sowie die Überalterung der Gesellschaft und dem damit verbundenen mangelhaften Pflege- und Betreuungsangebot sein. Das Arbeiten von zu Hause aus ermöglicht eine flexiblere Berücksichtigung privater und beruflicher Interessen. Somit ist zudem eine vernünftige Grundlage für eine ausgeglichene Work-Life-Balance geschaffen, die auch die Effektivität der Arbeitsleistung des Arbeitnehmers steigert und sich die Bezahlung ähnlich dem US-Amerikanischen Vorbild nun auch in Deutschland mehr an Leistung als an reiner Anwesenheit orientiert.

Auch die Bundesregierung trägt zu dieser Entwicklung bei, in dem Konjunkturpakete zur Investition in Breitbandvernetzung beschlossen wurden. Eine technisch hochentwickelte Glasfaservernetzung ist Voraussetzung sowohl für eine reibungslose Kommunikation als auch für einen schnellen Datentransfer zwischen Arbeitgeber und

Arbeitnehmer im Home Office. Um ausreichend Sicherheit vor zum Beispiel Viren oder Phising gewährleisten zu können, ist zumindest ein DSL Anschluss erforderlich. (1), (2), (3), (5), (6), (8)

Die Einrichtungen von Home Offices - Vorteile für Unternehmen und Beschäftigte

Immer mehr Unternehmen folgen dem US-Amerikanischen Vorbild, aber nicht weil Home Offices ein Trend bei Arbeitgebern ist, sondern viel mehr aus rationalen Überlegungen. Gerade in finanziell schwierigen Zeiten durchleuchten Geschäftsführung oder Unternehmensberatungen die Unternehmensbilanz nach Einsparpotenzialen. In aller Regel stellen Raumkosten einen der größten Aufwandsposten in jeder Gewinn- und Verlustrechnung dar. Durch Arbeiten von zu Hause aus - in so genannten Home Offices - können immense Raumkosten gespart werden. Durch die Einrichtung von alternierenden Arbeitsplätzen, also von Arbeitsplätzen die sich mehrere Telearbeiter für die Anwesenheitszeit im Büro vor Ort teilen, sind Büro- und Geschäftshäuser mit weniger Raumangebot und damit günstigeren Mieten vollkommen ausreichend.

Hinzu kommt, dass Beschäftigte, die zu Hause arbeiten laut einer Untersuchung deutlich effektiver sind, da sie dreimal seltener als am vom Arbeitgeber zur Verfügung gestellten Arbeitsplatz unterbrochen werden. Die Bezahlung orientiert sich damit deutlich mehr an der Leistung des Arbeitnehmers als an seiner bloßen Anwesenheit. Beschäftigte sparen außerdem Kosten für die täglichen Fahrten von der Wohnung zur Arbeitsstätte wenn sie zum Beispiel bei der Einrichtung alternierender Arbeitsplätze das Büro nur noch einmal in der Woche oder seltener aufsuchen müssen.

Mit der Verlagerung der Arbeitsplätze entspricht der Arbeitgeber außerdem besser den Bedürfnissen seiner Arbeitnehmer. Einer Forsa Umfrage zu Folge würde jeder zweite Beschäftigte in Deutschland zumindest gerne einige Tage im Monat von zu Hause aus arbeiten. Bei Berufstätigen zwischen 30 und 40 Jahren wünschen sich dies sogar rund 80 Prozent. Während den Mitarbeitern größere Flexibilität eingeräumt wird, können Unternehmen dies als zusätzlichen Anreiz für die Gewinnung von Fachkräften nutzen.

Inzwischen halten sich auch die Kosten für die Ausstattung von Telearbeitsplätzen in Grenzen. Der Arbeitgeber übernimmt in der Regel die Kosten für

Laptop, Telefonanschluss und Handy. Außerdem ist sicherzustellen, dass der Heimarbeitsplatz mit mindestens einem DSL Anschluss ausgestattet ist, sodass eine reibungslose Kommunikation und Datenübertragung gewährleistet wird. Der Arbeitgeber hat außerdem darauf zu achten, dass Sicherheit bei der Datenübertragung gewährleistet ist. Dieser Punkt ließ die Einrichtung von Telearbeitsplätzen früher häufig scheitern. Inzwischen gibt es kaum mehr technische Schwierigkeiten, außerdem ist die Sicherheit im Home Office auch für kleine Unternehmen bezahlbar geworden. Mit rund 50 Euro pro Monat pro Telearbeitsplatz dürfte eine ausreichende Sicherheit stets gewährleistet sein. (1), (3), (6)

Telearbeit als Grundlage einer vernünftigen Work-Life-Balance

Die Einführung von Telearbeit im Unternehmen schafft zweifelsohne eine Grundlage für eine vernünftige Work-Life-Balance. Ein flexibler Arbeitsplatz sorgt dafür, dass private und berufliche Verpflichtungen besser koordiniert werden können. Die begrenzte Anzahl freier Plätze in Kindertagesstätten sowie die steigenden Kosten für pflegebedürftige Angehörige fordern eine flexible

Vereinbarung von Privatleben und Beruf.

Auch für den Arbeitgeber kann dies zum Beispiel im Falle von internationalen Projektarbeiten, die sich über verschiedene Zeitzonen erstrecken, von unschätzbarem Vorteil und somit zum Mehrwert für das Unternehmen werden. Aus diesen Gründen sollten Telearbeitsplätze nicht auf bestimmte Mitarbeiterschichten begrenzt, sondern sogar für das Management angeboten werden. (10), (11)

Grenzen alternierender Arbeitsplätze

Sicher hat die Einrichtung alternierender Arbeitsplätze auch Grenzen, die in der Natur der Branche bzw. des Unternehmens liegen. Telearbeit ist zweifelsohne dort nicht möglich, wo die Arbeit an einem Ort und an Menschen gebunden ist, wie zum Beispiel in der Produktion oder in Pflegeberufen.

Die Grenzen alternierender Arbeitsplätze finden sich jedoch auch in den Personen selbst. Nicht jeder Mitarbeiter ist hierfür persönlich geeignet, da bei Arbeiten von zu Hause aus ein hohes Maß an Selbstdisziplin, Selbstverantwortung und Selbstorganisation gefragt ist. Mitarbeiter, die unter so geannter Aufschieberitis leiden sind eher nicht weniger für die Arbeit von zu Hause aus geeignet.

Ein Nachteil alternierender Arbeitsplätze ist die soziale Isolation der Mitarbeiter. Deshalb sollte auch von Arbeitgeberseite darauf geachtet werden, dass dennoch ein regelmäßiger Austausch, zum Beispiel einmal pro Woche, mit den Kollegen und Vorgesetzten stattfindet. (1), (3), (7), (8), (10)

Fallbeispiele

Nachdem Telearbeit inzwischen in nahezu jeder Branche möglich ist, bieten auch die jeweiligen Kammern für Berufsträger Hilfen und Informationen zur Einführung von Telearbeit im Unternehmen an. Ein Beispiel hierfür ist das Informationsangebot auf der Homepage der Handelskammer Hamburg unter: www.hk24.de. Paradebeispiel für die positive Entwicklung alternierender Arbeitsplätze und für die Einrichtung virtueller privater Netzwerke ist der Dufthersteller **Drom Fragrances**. Grund hierfür ist die Internationalität des Unternehmens und die damit verbundenen Schwierigkeiten insbesondere bei der Kommunikation mit asiatischen

Geschäftspartnern. Seit Einrichtung des ersten Telearbeitsplatzes steigt der Anteil der Telearbeiter bei dem Dufthersteller stetig. (2), (5)

Weiterführende Literatur

(1) Fern vom Büro
aus WirtschaftsWoche NR. 010 VOM 02.03.2009 SEITE 084

(2) Verschiedene Modelle: mobil oder alternierend
aus Hamburger Abendblatt, 24.01.2009, Nr. 20, S. 63

(3) Telearbeit: Fast 20 Prozent der Firmen setzen sie ein - Tendenz steigend Job und Freizeit vermischen sich
aus Hamburger Abendblatt, 24.01.2009, Nr. 20, S. 63

(4) Rev 2008 diskutiert Erfahrungen und Anwendungen bei der virtuellen Instrumentierung Konferenz skizziert Trends bei der erweiterten Telearbeit
aus Computer Zeitung, Heft 24, 2008

(5) Irgendwie doch in der Firma Zu Hause am Schreibtisch ist schon bald wie im Büro: Virtuelle private Netzwerke bringen der Telearbeit den Durchbruch. Sie können noch viel mehr
aus Financial Times Deutschland Enable vom 01.04.2009, Seite 22-23

(6) Telearbeit
aus Rheinische Post Nr. vom 20.09.2008

(7) Telearbeit spart Kosten Wer zu Hause arbeitet, kann teure Spritpreise meist vergessen und ist oft effektiver
aus DIE WELT, 13.09.2008, Nr. 216, S. B7

(8) Verschiedene Modelle der Telearbeit - Technologien der Kommunikation verändern klassische Heimarbeit
aus Wiesbadener Kurier vom 04.03.2009

(9) Flexibilisierung durch Telearbeit – ein Beitrag zur Verbesserung der Work-Life-Balance ?
aus ARBEIT - Zeitschr. f. Arbeitsforschung, ..., Heft 3/2008, S. 193-208

(10) Teleworking aus der Sicht des Gesetzgebers
aus Die Presse vom 2008-05-14, Seite: 12

(11) Work Life Balance - Flexibilität bringt Vorteile für Unternehmen und Beschäftigte
aus ZFO - Zeitschrift Führung und Organisation 4/2007, S.202

Impressum

Neue Technologien und Finanzkrise - Der Durchbruch für die Telearbeit

Bibliografische Information der deutschen Nationalbibliothek

Die Deutsche Nationalbibliothek verzeichnet diese Publikation in der deutschen Nationalbibliografie; detaillierte bibliografische Daten sind im Internet über http://dnb.d-nb.de abrufbar.

ISBN: 978-3-7379-0222-9

© 2015 GBI-Genios Deutsche Wirtschaftsdatenbank GmbH, Freischützstraße 96, 81927 München, www.genios.de

Alle Rechte vorbehalten. Dieses Werk ist einschließlich aller seiner Teile – z.B. Texte, Tabellen und Grafiken - urheberrechtlich geschützt. Jede Verwertung außerhalb der Grenzen des Urheberrechtsgesetzes bedarf der vorherigen Zustimmung des Verlags. Dies gilt insbesondere auch für auszugsweise Nachdrucke, fotomechanische

Vervielfältigungen (Fotokopie/Mikroskopie), Übersetzungen, Auswertungen durch Datenbanken oder ähnliche Einrichtungen und die Einspeicherung und Verarbeitung in elektronischen Systemen.